DISSERTATION

SUR

LA PEINE DE MORT.

(Le 1er. Novembre 1830.)

DISSERTATION

SUR

LA PEINE DE MORT,

SUIVIE

DE RÉFLEXIONS SUR LE MÊME SUJET,

ET SUR LES INCONVÉNIENS DE LA MARQUE POUR LES TRAVAUX
FORCÉS A TEMPS.

Paris.

Imprimerie et Fonderie de Fain,

Rue Racine, nᵒ. 4, Place de l'Odéon.

1830.

DISSERTATION

SUR

LA PEINE DE MORT.

(Le 1er. Novembre 1830.)

———◦———

Les Réflexions que le titre annonce, extraites d'un ouvrage que j'achèverai peut-être, n'étaient point destinées à paraître encore. Leur opportunité seule m'entraîne et me décide à les publier par avance.

Depuis long-temps je me suis imposé l'obligation d'écrire les pensées diverses qui s'offraient à moi sur les événemens qui me frappaient le plus. Le progrès de la civilisation, ses inconvéniens, ses avantages, m'ont surtout particulièrement occupée. Désespérant de me fixer sur cette grande question, je me suis prêtée alternativement à ses conséquences. Tantôt, gourmandant les révolutions , je leur demandais quel pouvait être le bon résultat de ces secousses politiques qui soumettent les sociétés modernes à de perpétuels orages ; tantôt, pleine de philanthropie, oubliant mon intérêt propre, je cherchais à extraire le bien, l'utile de cette lourde masse d'infortunes, et je me disais que l'accroissement des lumières pourrait devenir un heureux fruit de tant de peines ! Comme tant d'autres j'ai donc varié, si toutefois on peut appeler variation le mouvement que le passager reçoit du vaisseau qu'attend le naufrâge.

Jour par jour je voulais publier mes œuvres. Mais le petit cercle ami , dont je me trouvais entouré, me disait qu'il ne fallait pas parler, qu'il y avait inconvénient à le faire; et, comme je craignais par-dessus tout de nuire, j'ai entassé dans mon portefeuille des productions désormais inutiles.

En cela j'ai cédé à l'opinion d'autrui, bien plus qu'à la mienne propre; car je pense que, loin d'être dangereuses à proclamer, toutes les vérités se prêtent entre elles un mutuel appui; que la vérité est devenue le besoin du siècle ; que les peuples la veulent connaître ; que les gouvernemens la doivent supporter, et que des maximes opposées ne feraient que révolter ou corrompre.

Dire ce que l'on croit utile, avec la persuasion d'être vrai, tel est selon moi le devoir de tous, et le seul moyen de régénération qui nous soit offert. Que chacun donc se mette à l'œuvre, tandis que la presse le lui permet. Les petites intelligences fourniront les matériaux, les hautes capacités en feront le treillage, il leur restera encore bien assez à faire.

Ainsi qu'on le verra ci-après, j'avais écrit, en 1824, sur la peine de mort, et contre le supplice de la marque pour les travaux forcés à temps. Je fis part de mon opinion motivée à quelques personnes d'un jugement sain, qui voulurent bien m'approuver. Aujourd'hui je soumets au public leur approbation et mes essais, en y joignant de nouveaux motifs puisés dans le développement des intelligences et dans la nature des discussions que ce progrès amène.

Plusieurs orateurs se sont élevés contre la peine de mort appliquée aux plus grands criminels. D'autres se sont bornés à en demander l'abolition pour ces sortes de crimes politiques que les contemporains accusent, dont le temps absout, dont la postérité souvent fait un titre de gloire. J'ose prononcer et dire que la peine de mort, selon moi, doit être supprimée même dans le premier cas, puisqu'il est positif qu'elle lèse le droit humain, douteux qu'elle serve le droit social, plus douteux encore qu'elle seconde les vues de la Providence.

En accordant la vie à l'homme, Dieu lui a fait un don que lui seul peut utilement reprendre, parce qu'il veut le bien de sa créature, connaît le degré de vertu qui lui est propre, le moment où, dans sa justice et sa bonté, il doit récompenser ou punir.

Tous les livres, les sacrés comme les profanes, enseignent que l'être le plus vertueux, que le plus pervers, peuvent tous deux changer de nature. De quel droit l'homme priverait-il l'homme de cet héritage céleste qui lui est destiné peut-être?

Si la Société, bornée dans ses moyens, faible dans ses ressorts, ne voit d'autre remède à appliquer à la démoralisation d'un de ses membres que la cessation de l'existence, elle agit contre l'intérêt de cette exception, qui est de vivre pour se régénérer; contre son intérêt propre, en se privant d'un avenir que les plus nobles vertus pouvaient rendre utile encore. Se mettre à l'abri de tout désordre en comprimant le crime que l'on doit punir, tel est son devoir : trouver le moyen de l'accomplir, telle est sa tâche. Décliner la tâche et le devoir tend à désorganiser peut-être.

Déjà l'idée d'une mort forcée paraît insupportable à quelques-uns; déjà le sang humain, qui circule dans le cœur de quelques êtres généreux, s'élève contre le sang humain que l'on veut répandre; déjà, dans les dernières classes qui s'éclairent plus tard, une naturelle horreur pour le supplice fait place à cette avidité cruelle, que l'échafaud seul pouvait satisfaire; déjà la religion inquiète se demande quel peut être le sort de ces infortunés que l'éternité saisit à l'instant du crime, au moment de la colère. Que cette religion si belle nous prête toujours son appui : qu'elle ne se lasse point de demander, d'implorer, de parler au cœur. Toute charité, toute sensibilité, toute bonté n'y sont pas éteintes, et le cri de l'humanité l'emportera peut-être, dans cet asile de la pitié, sur le vœu de quelques zélateurs trop sévères.

Mais, dira-t-on, la religion ne peut s'alarmer sur le sort de criminels que la société rejette, puisqu'avant le terme fatal de pieux secours leur sont offerts, et qu'il leur est donné le temps de se reconnaître.

La religion ne peut s'alarmer en ce cas..... ! Et si ce secours n'est pas suffisant ; si le moyen donné n'est pas en proportion avec l'état d'angoisse, si le cœur du criminel, flétri par le remords, glacé par les approches du trépas, n'est point capable de se relever aussi vite que l'échafaud le commande, nos croyances n'enseignent-elles pas que l'enfer alors attend sa proie, et réclame sa victime?

Ah! j'en appelle, non à ces êtres irréfléchis, mais véritablement homicides, qui croient que tout moyen est bon du moment où il leur ôte le sentiment de crainte qui les dénature; j'en appelle à ces pieux apôtres chargés de porter de dernières consolations aux malheureux sur lesquels le fer des lois est levé : qu'ils disent s'ils n'ont pas frémi d'horreur en voyant qu'ils ne pouvaient rien contre un état de révolte qui enlève, pour le condamné, jusqu'à l'espérance de son bonheur à venir? Et si, plus heureux dans leurs efforts, plus consolés dans leur peine, ils ont absous le coupable qui va périr, qu'ils disent encore s'ils ne se sont pas demandés, tout remplis de la plus déchirante pitié : « Était-il indigne de l'indulgence des hommes celui qui mérite le pardon de Dieu? »

Un autre motif se présente, il me paraît le plus influent de tous.

Cette peine de mort, contre laquelle je m'élève, n'a-t-elle jamais atteint que de vrais coupables? Les seuls criminels en ont-ils subi les horreurs? Ah! si l'on pouvait faire le recensement de toutes les personnes condamnées en France, depuis le commencement de la monarchie jusqu'à nos jours, peut-être trouverait-on, avec effroi, un partage plus qu'égal entre le criminel et l'innocent. Que d'êtres vertueux, frappés avant le temps, auraient vécu âge d'homme, si la peine de mort avait été abolie! Mais, le nombre de ces infortunés serait moins grand, il serait minime, il se bornerait à un seul, quel tort immense fait à la société, à la créature, au Créateur! et toutefois, dans ce cas, ce n'est pas l'homme innocent que je plains le plus. Sans doute il lui faut rompre des liens qui lui sont chers; quitter peut-être une jeune épouse, des enfans qui commençaient à balbutier le doux nom de père : mais la vie est un bien que Dieu peut reprendre à son gré; aucuns n'y doivent compter; et ce bien, en se détruisant, assure à l'homme vertueux une autre, une éternelle, une meilleure existence! Mais qui consolera l'auteur de cette fin prématurée? quelle main puissante, sur le lit de douleur, viendra soulever le poids de tels remords qu'aucune réparation ne peut apaiser? quelle voix, lorsque les derniers sons de la vie s'évanouiront à son oreille, lui criera : « L'homicide peut mourir en paix! l'homicide est pardonné !! »

Il est une autre catégorie dont je veux parler encore, qui ne montre aux yeux de l'être sans passion, ni des hommes parfaitement innocens, ni des hommes positivement coupables.

Afin de rendre cette dissertation plus utile, je prendrai pour exemple le fait que les chances révolutionnaires viennent de poser sous nos yeux.

Quatre ministres, ou inhabiles, ou imprudens, ou malheureux, gémissent dans le donjon de Vincennes. Ils ont la mort en perspective; pour se distraire d'une telle image, la vue du lieu immortalisé par le plus lâche des attentats politiques.

Des rassemblemens populaires, courant à l'anarchie, demandent leur tête comme gage de succès. Eh bien! c'est à l'un de ces êtres aveuglés par de subversives espérances, que je m'adresse en ce moment; qu'il écoute, et qu'il prononce ensuite sur la réalité, ou plutôt sur la nature du crime que l'on veut punir.

Des ministres improvisés, dont aucun précédent n'avait fait connaître la capacité politique, ont surgi au milieu des tempêtes, se sont fait forts d'arrêter la révolution, et de prévenir l'anarchie; ils ont mal calculé leurs ressources, ils ont échoué, donc ils sont coupables.

Mais posons une autre hypothèse.

Si le mouvement des derniers jours de juillet avait été comprimé par la force armée; si la légitimité, protégée pa elle, avait sans coup férir refoulé la révolte sur tous les points ; si le sang des Français n'avait pas coulé, si la paix du monde avait été garantie, n'aurait-on pas élevé les ministres sur le pavois, et les cris de mort n'eussent-ils pas été remplacés par des cris d'approbation et de triomphe?

Immédiatement avant cette époque on les leur devait peut-être , ou du moins à Charles X , pour un fait d'armes éclatant , dont la patrie ingrate ne leur a pas tenu compte.

Trompés par de faux exposés , ne connaissant pas bien la situation, le vœu de la France; n'ayant point pesé dans la balance ministérielle le siècle , ses besoins , les hommes et leurs passions, si ce conseil suprême , trop imprudemment formé , si témérairement hostile , ne s'était toutefois rendu coupable que d'ignorance ou d'erreur, serait-ce pour des fautes d'erreur ou d'ignorance, pour un faux point d'honneur peut-être, que ces infortunés devraient marcher au supplice ?

Dans tous les temps, mais plus particulièrement depuis vingt années, tout le monde, si l'on juge par l'événement, s'est trompé : le pouvoir spirituel, en voulant arrêter à mi-côte le char révolutionnaire; le pouvoir temporel, en louvoyant, au lieu de marcher au but ; les peuples, en se cabrant contre toute main qui essayait de les conduire.

Mais l'anarchie, que l'on invoque contre l'erreur, tient-elle le seul flambeau qui puisse éclairer les hommes, et la peine de mort est-elle le seul remède qui convienne à leur cécité ?

Une fois déjà cette anarchie cruelle avait brisé toutes les digues, et fait couler, sous le pressoir révolutionnaire, des ruisseaux de sang et de larmes. Le crime devait être rétribué. Le géant des batailles parut, il enchaîna nos libertés et décima la France. Asservie, elle subissait le joug du despote ; les partis étaient comprimés, tout se taisait, la révolte comme le bon droit, la justice comme l'indépendance. Mais le formidable pouvoir de ce fléau de Dieu l'éblouit bientôt lui-même. Le sceptre européen tenta son orgueil, et le maître du monde en devint l'esclave !

L'aurore de la paix nous fut montrée alors. Comme l'arc-en-ciel après l'orage, la Restauration nous annonçait les beaux jours ! La Restauration les a-t-elle donnés ? A cette époque d'une renaissance toute morale, la légitimité a-t-elle fait ce qui était possible, ce qui était nécessaire pour ramener l'ordre et rétablir l'équilibre ? Non ; la légitimité a consacré la spoliation, fait grâce à la fidélité, rendu le dévouement inutile et ridicule. Les exigences populaires le voulaient ainsi, dira-t-on. Cela n'est pas, ou, si cela était, il fallait que la légitimité sût descendre de son trône républicain, pour éviter d'en être précipitée. Ne nous exagérons rien. La légitimité pouvait être juste ; elle pouvait rendre à César ce qui appartient à César ; et, rappelant ce principe d'équité, le plus fondamental de tous, créer l'indemnité pour ceux des acquéreurs de bonne foi qui se seraient trouvés dépouillés.

A l'époque que je signale, beaucoup de royalistes s'étaient montrés vindicatifs et trop avides : il ne fallait pas favoriser l'avidité, mais il fallait respecter le bon droit.

La Restauration était libre de laisser sans récompense le noble dévouement qui, pendant les cent jours, l'avait entourée de serviteurs fidèles ; mais elle ne devait pas les flétrir par une amnistie accordée bien moins à l'honneur national qu'à l'orgueil révolutionnaire.

Non, le dauphin de France ne devait pas dire au retour à ceux qui l'avaient suivi dans la terre d'exil : Je ne vous connais plus, vous ne m'êtes rien !

Il ne devait point encore faire un pacte simulé avec l'opposition qui lui préparait une royauté sans pouvoir, il devait ou l'agréer *franchement*, ou *franchement* la combattre.

Dans le siècle de lumière, chacun devient clairvoyant. On ne peut gouverner alors que par la conséquence et la sincérité. Il fallait que le futur héritier du trône de Clovis, appuyé sur l'antique monarchie, entouré de ses vieux prestiges, lui rendît sa grandeur première, ou s'ensevelît sous ses ruines ; ou bien encore, après avoir reconnu l'impossibilité d'une telle renaissance, il lui fallait pardonner à la révolution, transiger avec la jeune France, et s'allier *sincèrement* avec elle.

Du moins quelques principes eussent été sauvés.

Dirigé depuis près d'un demi-siècle par des princes, bien intentionnés sans doute, mais qui paraissaient aveuglés, le peuple français, saisi d'un vertige d'audace, a pris le gouvernail en main, et refusé l'obéissance; et cependant avec de bons rois (on ne conteste point la bonté à Charles X), la soumission devenait un moyen de redressement : elle eût démontré l'erreur, et fait sortir le bien du mal lui-même. Au lieu de cette soumission utile, les ambitions rivales se sont élancées dans l'arène que la révolution leur avait ouverte; les facilités, les obstacles, rien n'a pu ni les rebuter, ni les satisfaire; non contentes de se heurter entre elles, elles ont franchi toutes les bornes, et renversé toutes les barrières.

Au sein de tant d'aberrations et de malheurs, la religion du moins nous tendait ses bras. Ces dignes auxiliaires, chargés plus particulièrement encore de régénérer les âmes et de consoler le cœur, ont-ils bien compris l'importance de la tâche qu'ils avaient à remplir? Non moins charitables que vertueux, ont-ils posé sur des blessures si envenimées l'appareil qui devait les rendre moins cuisantes? ont-ils proportionné l'adoucissement à la peine, le secours à la souffrance? ont-ils travaillé sans relâche à nous rendre l'espoir, la confiance, la paix? Ou bien, effrayé à la vue de cette ardeur inquiète qui travaillait les générations nouvelles , découragés par les obstacles , dés-espérant de les vaincre , ont-ils résigné l'emploi qui leur était confié , et remis à Dieu le soin de nous mo-difier et de nous conduire? Ici le respect, l'incerti-tude m'arrêtent. Comme un autre , plus qu'un autre, je puis me tromper, et l'absence de tout égoïsme, l'ardent désir de remédier aux maux soufferts, ne me donnait ni le pouvoir, ni le droit d'instruire. Je ne m'abuse point sur mon peu de force ; je ne suis qu'une faible créature, je ne suis rien, je ne puis rien, je ne veux rien : ou plutôt je veux beaucoup, je vou-drais le bien de mes semblables , le bonheur des Français , la prospérité de la France. Qu'elle me pardonne d'avoir sondé ses blessures, et que l'affligé, quel qu'il soit, ne me redoute pas ! qu'il ne craigne point qu'un mot indiscret, qu'un reproche inutile vienne le froisser encore. Blessée moi-même, je tends la main à tout ce qui souffre, l'infortuné devient mon frère ; et si je pouvais trouver dans la religion, dans la charité, le plus magnifique de ses dons , un nouveau moyen de lui subvenir, je prierais le Dieu qui m'éprouve de prolonger et mes souffrances et ma vie.

Bien qu'un tel désir doive, sans doute, rester sans effet, avant de terminer cette rapide énuméra-tion de nos fautes et de nos revers, qu'il soit permis à l'intention pure d'exposer encore ce qu'elle croit utile.

Oui, les gouvernemens se sont trompés sur le choix

des moyens de conservation qui leur étaient propres;
et l'anarchie, presque victorieuse, se trompe à son tour
dans le but de ses efforts, et sur la foi de ses espérances.

Elle prétend obtenir une juste distribution des
biens de la vie, croit que le globe, également réparti,
doit procurer à chacun des jouissances qui ne sont
le fruit que d'une hiérarchie sagement calculée.

L'anarchie veut l'impossible : elle veut renverser
l'ordre, saper l'autorité légitime, contester, même
au Roi des rois, et son pouvoir et sa puissance.

Jusqu'au moment où les arbres des forêts se dis-
puteront le terrein qui les environne, où les orbes,
dans les cieux, se déclareront la guerre pour le plus
ou moins d'espace qui leur est donné, les hommes,
fraction d'un ouvrage divin, resteront soumis aux
lois de proportion qui furent établies pour eux. S'il
en était autrement, si le vœu de quelques insensés
pouvait s'accomplir, la terre, ainsi divisée, ne suffi-
rait plus à ses habitans; et Dieu, qui se serait
trompé dans son œuvre, reculerait les bornes du
monde.

O peuples qu'un fol espoir abuse ! vous aussi vous
êtes dans l'erreur ; et votre erreur compromet l'existence, la tranquillité, la sécurité de tous ! Faut-il
donc pour cela que vous périssiez, et que l'on appelle
sur vous toutes les vengeances du ciel et de la terre ?
Non : il faut souhaiter que la bonté divine vous
éclaire, et que l'humaine pitié vous console. Mais si

je demande pour vous, dont les libertés oppriment, le repos qui nous est ravi, j'appelle également l'indulgence sur des malheureux qui furent aveuglés. Si leur mort est résolue, si le sang humain est livré, (les passions satisfaites troublent toujours plus le cœur de l'homme), les vainqueurs imposeront de nouveaux sacrifices ; ils demanderont des victimes encore, et nous verrons reparaître cette époque terrible et désastreuse qui déshonora la révolution française.

Nous lui devions quelques bienfaits, pourquoi furent-ils souillés par ses triomphes !

Ils s'éloignent de nous ces temps justement répudiés par elle, où des hommes étaient payés par d'autres hommes pour briser les os de leurs semblables, et où l'on trouvait cela très-moral ; où des êtres, égarés par un faux zèle, brûlaient le malheureux qu'ils n'avaient pu convaincre, et où l'on trouvait cela très-chrétien. Qu'ils s'éloignent plus encore et à jamais, ces jours d'une horrible mémoire, où des masses insensées allaient, aux cris de *vive la Patrie, le Peuple et la Liberté !* voir tomber des milliers de têtes innocentes !

Puisse un meilleur ordre de choses, amené par les principes d'une vraie philanthropie (qui ne sont autres que ceux d'une charité pure). nous démontrer qu'après tant d'orages la Société a réellement fait un pas vers ce perfectionnement, objet de tant de vœux et d'efforts ! Mais, pour s'assurer un tel avantage, et pour sortir enfin de ces sables mouvans de nos opinions et de nos pensées, qu'elle y songe sérieusement ! au lieu d'avancer encore, il lui faut retourner en arrière; ressaisir le vrai flambeau, et, la Charte évangélique à la main, dire aux prêtres, aux peuples et aux rois : Tout est là l'humanité, vertu, justice, honneur, espoir, et liberté sainte !

Montpellier , le 10 *novembre* 1830.

Nota. Les Réflexions annoncées paraîtront incessamment.

www.ingramcontent.com/pod-product-compliance
Lightning Source LLC
LaVergne TN
LVHW021803030726
842523LV00003B/1172